Maren Bustorf-Hirsch

Joghurt, Quark, Käse und Butter

Schmackhaftes aus Milch hausgemacht

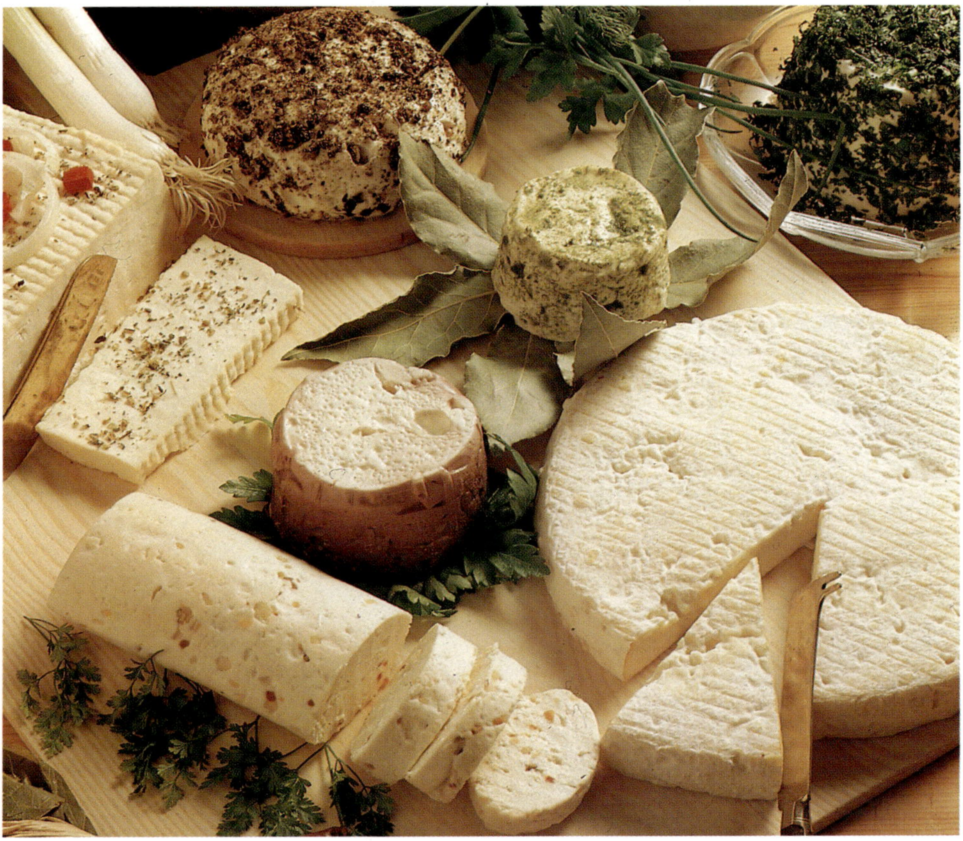

FALKEN

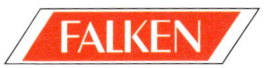

Inhaltsverzeichnis

Die Milch – ein gesundes und vielseitiges Lebensmittel _____ 3
   Es gibt nicht nur Kuhmilch! _____ 3
   Was macht Kuhmilch für unsere Ernährung so wertvoll? _____ 4
   Die Handelsformen der Milch _____ 5

Bakterien und Pilze – die nützlichen Helfer bei der Zubereitung von gesäuerten Milcherzeugnissen _____ 6
   Dickmilch _____ 6
   Crème fraîche hausgemacht _____ 7
   Joghurt _____ 8
   Kefir _____ 10

Selber buttern – wie es Großmutter schon machte _____ 12
   Süßrahmbutter _____ 12
   Sauerrahmbutter _____ 12

Quark und Rahmfrischkäse – im Handumdrehen zubereitet _____ 16
   Und so stellt man Quark her _____ 16
   Rahmfrischkäse _____ 16
   Molke _____ 17

Kleine Käserei zu Hause _____ 18
   Zubehör für die Käseherstellung _____ 18
   Woraus besteht unser selbstgemachter Käse? _____ 19
   Wie entsteht der typische Käsegeschmack? _____ 19
   Die Herstellung eines Frischkäses _____ 20
   Die Herstellung eines Schnittkäses _____ 22
   Schnittkäsevariationen _____ 25

Wir laden ein zu selbstgemachten Käsespezialitäten _____ 26

Wichtige Bezugsquellen _____ 32

Von der selben Autorin sind im FALKEN Verlag unter anderem folgende Titel erschienen:
„Biologisch kochen" (zusammen mit Karin Siegel, Nr. 4162)
„Vollwertküche" (zusammen mit Karin Siegel, Nr. 4229)
„Biologisch backen" (Nr. 4174)
„Die feine Vollwertküche" (Nr. 4286)
„Gesunde Ernährung für mein Kind" (Nr. 776)
„Gesund kochen mit Keimen und Sprossen" (Nr. 794)
„Schmackhafte Vollwertkost ohne tierisches Eiweiß" (Nr. 993)

ISBN 3 8068 0739 6

© 1990 by Falken-Verlag GmbH, 6272 Niedernhausen/Ts.
Die Verwertung der Texte und Bilder, auch auszugsweise, ist ohne Zustimmung des Verlags urheberrechtswidrig und strafbar. Dies gilt auch für Vervielfältigungen, Übersetzungen, Mikroverfilmung und für die Verarbeitung mit elektronischen Systemen.
Titelbild: Fotostudio Eberle, Schwäbisch-Gmünd
Fotos: Fotostudio Eberle, Schwäbisch-Gmünd; Reinhard-Tierfoto, Heiligkreuzsteinach/Eiterbach; Silvestris Fotoservice, Kastl/Obb.

0107 3985 X 817 2635 4453

Die Milch – ein gesundes und vielseitiges Lebensmittel

Es gibt nicht nur Kuhmilch!

Als die Menschen seßhaft wurden und anfingen, Getreide anzubauen, versuchten sie auch, Wildtiere zu zähmen. Ihr besonderes Augenmerk richteten sie dabei schon sehr früh auf die Muttertiere; denn sie hatten schnell herausgefunden, daß die Milch dieser Tiere nicht nur deren Nachwuchs, sondern auch ihnen sehr gut bekam und schmeckte.

Je nach Region wurde so die Milch von Rind, Schaf, Ziege, Büffel, Pferd, Esel, Kamel und Rentier verwendet, wobei den letzteren heutzutage nur noch eine äußerst geringe Bedeutung als Lebensmittelquelle zukommt.

Wenn wir heute von Milch reden, meinen wir in der Regel Kuhmilch. Nur sie wird bei uns im Handel angeboten. Sauermilchprodukte und Käse werden fast ausschließlich daraus hergestellt. Deshalb steht sie auch in diesem Büchlein im Mittelpunkt (wo dies nicht der Fall ist, wird es besonders gekennzeichnet).

In anderen Ländern spielt auch die Milch von Schafen und Ziegen eine große Rolle, insbesondere bei der Käseherstellung. Bei uns gibt es nur verhältnismäßig wenig Ziegen und Milchschafe, und meist verbraucht und verarbeitet ihr Halter seine Milch selber oder gibt sie an langjährige Stammkunden ab. Eingeweihte kennen nämlich die besondere Bedeutung dieser Milch: Im Vergleich zur Kuhmilch ist Schafsmilch unter anderem trotz ihres höheren Fettgehaltes wesentlich leichter verdaulich und enthält viel mehr Vitamine; deshalb wird sie auch gezielt von vielen Ärzten als Heilnahrung eingesetzt. Ziegenmilch hat auch einen höheren Fettgehalt als Kuhmilch und wird deshalb bevorzugt zur Käseherstellung verwendet.

Chemische Zusammensetzung				
	Eiweiß %	Fett %	Salze %	Wasser %
Kuh	3,6	3,4	0,7	87,7
Ziege	4,0	3,6	0,8	87,3
Schaf	4,7	5,0	1,0	84,7

Was macht die Kuhmilch für unsere Ernährung so wertvoll?

Vom ernährungsphysiologischen Standpunkt aus betrachtet, ist die Milch kein Getränk, sondern ein Lebensmittel, das fast alle Nährstoffe enthält, die der Mensch benötigt: So ist die Milch im *rohen* Zustand die beste Eiweißquelle, sie liefert Milchzucker, Fett, viele Vitamine (besonders A und B_1, B_2) und alle wichtigen Mineralstoffe (besonders Kalzium) sowie zahlreiche Spurenelemente und Enzyme. Über hundert Einzelstoffe sind heute in der Milch bekannt.

Von Natur aus ist die Milch für den Sofortverbrauch bestimmt; sie gehört nämlich mit zu den verderblichsten Lebensmitteln, die wir kennen: spätestens nach 2 Tagen ist sie sauer.

Das liegt daran, daß bereits 1 Kubikzentimeter Milch natürlicherweise mehrere hundert Bakterien (auch Keime genannt) enthält. Einen Teil dieser „Keime" bilden die sogenannten Milchsäurebakterien, die für das Sauerwerden verantwortlich sind (wir werden sie später noch genauer kennenlernen). Neben diesen „natürlichen Keimen" können in seltenen Fällen auch Krankheitskeime auftreten und sich rasch vermehren, weil die Milch ihnen einen idealen Nährboden bietet. Sie gelangen durch Krankheiten der Kuh oder durch Übertragung durch den Menschen beim Melken und bei der Milchverarbeitung in die Milch.

Diese Tatsache hat bewirkt, daß heutzutage die Einstellung vorherrscht, daß *alle* Bakterien schädlich sind, und daß deshalb Keimfreiheit das höchste Ziel sein sollte. Dabei mußte man inzwischen feststellen, daß durch Keimfreiheit die natürlichen Abwehrkräfte des Menschen entscheidend geschwächt werden. Obwohl außerdem die hygienischen Verhältnisse im Stall und bei der Milchverarbeitung verbessert wurden und die Gesundheit der Tiere ständig kontrolliert wird, verkauft man Milch heutzutage überwiegend pasteurisiert: Durch Wärmebehandlung werden dabei die natürlichen Keime ebenso wie eventuelle Krankheitskeime abgetötet; die Milch ist damit zwar länger haltbar, verliert aber auch viel an gesundheitlichem Wert.

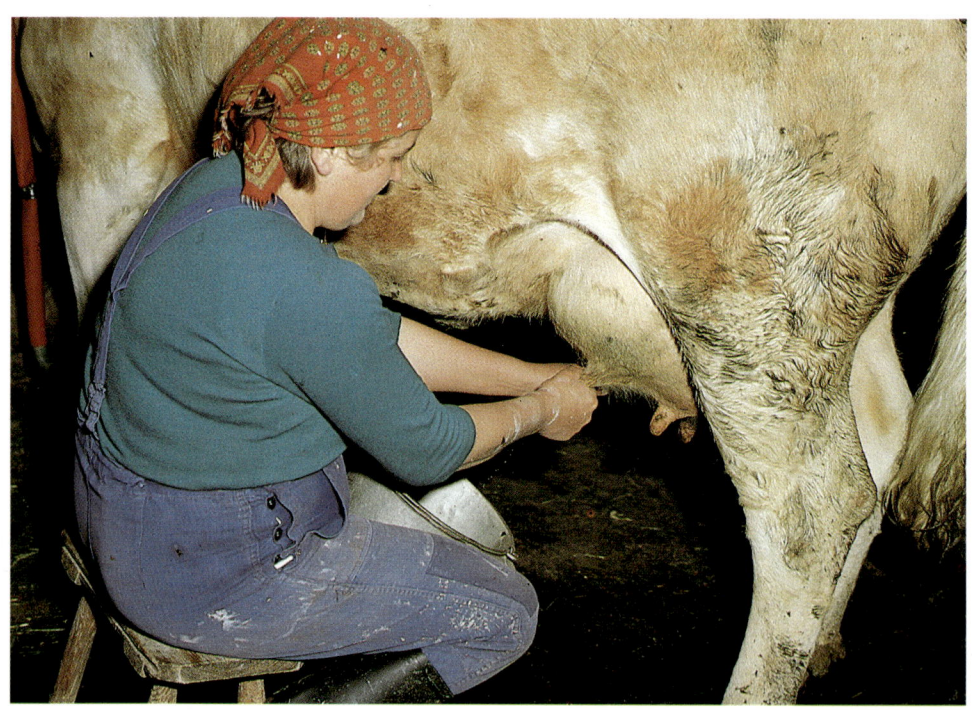

Die Handelsformen der Milch

Rohmilch und Vorzugsmilch

Als Rohmilch wird die Milch bezeichnet, die man direkt auf einem Bauernhof kauft. Wer keine Möglichkeit hat, Rohmilch zu kaufen, braucht dennoch auf eine unbehandelte Milch nicht zu verzichten. Es gibt Rohmilch verpackt als sogenannte Vorzugsmilch in Reformhäusern, Naturkostläden und in den Lebensmittelabteilungen größerer Kaufhäuser. Sie stammt von Höfen, die einer verstärkten Kontrolle unterstehen. Dadurch bedingt und durch den schnelleren Transport ist sie fast doppelt so teuer wie „normale" Milch. Roh- und Vorzugsmilch sind höchstens zwei Tage haltbar.

Vollmilch

Bei dieser Milchsorte wurde die Rohmilch auf 3,5 Prozent Fett entrahmt und pasteurisiert, das heißt, sie wurde auf 74 °C erhitzt und anschließend auf 4 °C abgekühlt. Wie schon oben erwähnt, werden bei diesem Vorgang alle eventuell vorhandenen Keime und ein großer Teil der natürlichen Milchsäurebakterien abgetötet. Außerdem tritt aber auch ein Vitaminverlust auf und die Zusammensetzung des Milcheiweißes verändert sich. Vollmilch ist in der Regel 5 bis 6 Tage haltbar.

In den meisten Ländern wird die Milch aber nicht nur pasteurisiert, sondern gleichzeitig auch homogenisiert. Die Milch schmeckt dann angeblich cremiger und bildet keine Rahmschicht mehr. Dabei läßt sich diese meines Erachtens gut abschöpfen und zum Verfeinern von Speisen oder für den Kaffee oder Tee weiterverwenden.

Neben dieser Geschmacksfrage hat das Homogenisieren aber auch noch Folgen für die Gesundheit: Es verändert nämlich die biochemische Struktur der Milch dadurch, daß ihre Fetttröpfchen unter Hochdruck in viele kleine Teile zerschlagen werden. Normalerweise können die Fetttröpfchen die Darmwand nicht ohne weiteres passieren, sondern werden zunächst von Enzymen im Darm verdaut. Die zerschlagenen Fetteilchen können jedoch unverdaut in die Blutbahnen gelangen und mit ihnen ein Enzym, das die Fettablagerungen an Blutgefäßen und Herzmuskeln begünstigt (dies ist bekanntlich eine Vorstufe für Arteriosklerose, Herzinfarkt und Schlaganfall). Aus diesem Grunde verzichten heutzutage schon einige wenige Molkereien – bedingt durch Nachfrage – auf ein zusätzliches Homogenisieren.

Fettarme Milch

Bei der fettarmen Milch wird die Rohmilch auf eine niedrige Fettstufe (meist 1,5 Prozent) entrahmt und anschließend wie Vollmilch pasteurisiert und homogenisiert.

H-Milch

Verbraucherstatistiken zeigen, daß der Kauf von H-Milch immer beliebter wird. Der Grund dafür dürfte wohl sein, daß diese Milchsorte wochenlang haltbar ist. Dies erreichen die Molkereien dadurch, daß sie die entrahmte Rohmilch für 6 Sekunden auf 150 °C erhitzen und anschließend schnell abkühlen. Dabei werden allerdings bis zu 90 Prozent des Milcheiweißes, 20 Prozent der Vitamine und alle Enzyme zerstört. Eine solche Milch hat keinerlei gesundheitlichen Wert mehr für den Menschen, sie ist ein „totes" Nahrungsmittel. Der Verbraucher-Schutzverband rät deshalb vom Kauf der H-Milch ab: Ein ständiger Genuß könnte insbesondere für Säuglinge und Kinder gesundheitsschädigend wirken.

Versuchen Sie aus diesen Gründen so oft wie möglich unbehandelte Milch zu kaufen. Leider ist auch diese Milch, ebenso wie alle anderen Lebensmittel, heutzutage nicht mehr frei von „Umweltgiften". Trotzdem lohnt es sich – so meine ich – aus ihr die eigenen Sauermilchprodukte, die eigene Butter und den eigenen Käse herzustellen. Neben dem Spaß an der Zubereitung haben Sie nämlich die Gewähr, daß Ihre Produkte unvergleichlich frisch sind und keinerlei zusätzliche Konservierungs-, Farb- und Aromastoffe sowie Bindemittel enthalten. Außerdem sparen Sie noch unendlich viel Verpackungsmaterial und leisten so ein Stück praktischen Umweltschutz.

Bakterien und Pilze – die nützlichen Helfer bei der Herstellung von gesäuerten Milcherzeugnissen

Sauermilchprodukte sind wohl die ältesten aus Milch hergestellten Erzeugnisse, die wir kennen. Ihre denkbar einfache Zubereitung ist schon seit Jahrtausenden bekannt: Rohe Milch wurde einfach der Selbstsäuerung überlassen. Bei uns wird dieses Verfahren allerdings nur noch selten gewählt; vielmehr impfen wir heutzutage pasteurisierte Milch ganz gezielt mit bestimmten Milchsäurebakterien, um die verschiedenen Sauermilchprodukte, wie Dickmilch, Kefir, Joghurt usw., zu erhalten.

Alle Sauermilchprodukte sind relativ lange haltbar (Ausnahme Kefir) und besonders gut bekömmlich. Diese Tatsache ist für die Leute von Interesse, die frische Milch nicht vertragen. Die Milchsäurebakterien verarbeiten nämlich einen Teil des Milchzuckers zu Milchsäure. Diese Milchsäure läßt die Eiweißstoffe in der Milch gerinnen und baut sie ab, was nichts anderes bedeutet, als daß sie schon vorverdaut werden.

Milchsäure, soviel sei zu Ihrer Information noch gesagt, kommt in zwei optisch aktiven Formen vor: als linksdrehende (D-) und als rechtsdrehende (L+). Die letztere wird auch körpereigene Milchsäure genannt, weil sie einmal auch vom Körper selbst in den Zellen bei der Muskelarbeit erzeugt wird, zum anderen auch vom Körper gut verwertet werden kann.

Wir bevorzugen aus diesem Grunde Sauermilchprodukte, die überwiegend rechtsdrehende Milchsäure enthalten. Achten Sie beim Kauf von Fermenten und gekauften Sauermilchprodukten darauf.

Dickmilch

Läßt man Rohmilch, in der natürlicherweise genügend Milchsäurebakterien vorhanden sind, 1 bis 2 Tage in flachen Schüsseln bei Zimmertemperatur stehen, so wird diese sauer und fest. Sie haben auf einfachste Art Dickmilch hergestellt.

Leider haben Sie aber heute auch bei unbehandelter Milch nicht die Garantie, daß diese sauer wird. Antibiotikareste oder zweifelhafte Zusätze im Futter der Tiere las-

Rohmilch wird in flachen Schüsseln zur Selbstsäuerung aufgestellt.

Die Milch wird abgekocht.

Das Sauermilchferment wird eingerührt.

sen die natürlichen Milchsäurebakterien absterben. Stattdessen entwickeln sich Fäulnisbakterien: Die Milch wird dann nicht sauer, sondern schmierig. Wer ganz sicher gehen will oder aber nur pasteurisierte Milch zur Verfügung hat, impft diese mit 2 bis 3 Eßlöffeln bereits vorhandener oder gekaufter Dickmilch pro Liter. – Sie können auch mit Buttermilch, Joghurt oder Kefir Ihre Milch impfen, allerdings verändert sich dann der Geschmack der späteren Dickmilch etwas in Richtung der genannten Produkte.

Wer eine sehr milde homogene Dickmilch wünscht, wird diese aus einem gefriergetrockneten Sauermilchferment (zum Beispiel in Reformhäusern erhältlich) herstellen. Hierfür wird zunächst 1 Liter Milch nahe an den Siedepunkt erhitzt, um unerwünschte, eventuell geschmacksverändernde Milchsäurebakterien auszuschalten, und anschließend auf Zimmertemperatur abgekühlt. Danach wird 1 Beutel Sauermilchferment in die so vorbereitete Milch hineingerührt und diese 18 bis 24 Stunden bei Zimmertemperatur stehengelassen. Die fertige Dickmilch wird bis zum Verzehr im Kühlschrank aufbewahrt.

Dickmilch kann die Grundlage für einen erfrischenden Nachtisch sein, zum Müsli gegeben werden oder beim Kochen Verwendung finden. Sehr gut schmeckt sie auch mit zerbröseltem Vollkornbrot, nach Geschmack mit Honig und Zimt gewürzt.

Crème fraîche hausgemacht

Mit dem Umweg über Frankreich ist auch die gute alte saure Sahne leicht verfeinert als Crème fraîche bei uns wieder zu neuen Ehren gekommen, gibt sie doch Salatsoßen und anderen Köstlichkeiten den letzten „Pfiff".

Das französische Rezept hat mir leider noch niemand verraten, aber urteilen Sie selbst, die „hausgemachte" ist auch nicht zu verachten.

Die Zubereitung von saurer Sahne erfolgt auf dem gleichen Wege wie die von Dickmilch, aber mit einem Unterschied: Das Ausgangsprodukt ist nicht Milch, sondern

Mit einem flachen Löffel wird die Milch entrahmt.

Selbsthergestellte saure Sahne kann mit geschlagener süßer Sahne verfeinert werden.

Mit einem gekauften oder selbsthergestellten Joghurt wird die abgekochte Milch geimpft.

Der Joghurt wird mit einem Schneebesen gut verrührt.

Sahne. Diese Sahne können Sie auf zweierlei Weise erhalten. Entweder kaufen Sie Sahne, oder Sie gewinnen sie selber aus frischer Roh- oder Vorzugsmilch.

Stellt man nämlich Rohmilch in möglichst flachen Schalen (zum Beispiel Auflaufformen) etwa 12 Stunden kühl auf, bildet sich auf ihr eine Rahmschicht, die vorsichtig mit einem flachen Löffel oder Schaumlöffel abgeschöpft wird. Anschließend wird diese Sahne mit 1 bis 2 Teelöffeln Dick- oder Buttermilch (die Wahl richtet sich nach Ihrem persönlichen Geschmack) pro Viertelliter geimpft und bei Zimmertemperatur 18 bis 24 Stunden in einem abgedeckten Topf stehengelassen.

Das Ergebnis ist eine herrlich frische saure Sahne, mit der Sie ganz ausgezeichnet Ihre Speisen verfeinern können.

Sollte sie Ihnen ein wenig zu „sauer" sein, können Sie etwas geschlagene süße Sahne unter Ihre hausgemachte Crème fraîche heben.

Joghurt

In seiner Heimat Bulgarien wurde Joghurt ursprünglich nur aus Schafsmilch hergestellt.

Ebenso wie die Molkereien bereiten auch wir unseren Joghurt in der Regel aus Kuhmilch zu. Seine Herstellung ist denkbar einfach und lohnt sich im Grunde genommen für jeden Haushalt. Der selbstgemachte Joghurt ist nämlich wesentlich billiger als der gekaufte und bietet Ihnen darüber hinaus den Vorteil, daß Sie genau wissen was in ihm enthalten ist: nämlich keinerlei Konservierungsstoffe, Dickungsmittel und künstliche Aromastoffe.

Im Gegensatz zur Dickmilchherstellung benötigen Sie für die Joghurtzubereitung eine Temperatur von etwa 40 °C. Die beiden Bakterienstämme „Lactobacillus bulgaricus" und „Steptococcus thermophilus" lassen nur unter diesen Bedingungen die Milch zu Joghurt reifen.

Als Wärmequelle bieten sich dafür Ihr Backofen oder eine Kochkiste sowie ein elektrischer Joghurtbereiter an. Letzterer verbraucht sehr wenig Strom und ist verhältnismäßig billig im Handel zu haben. Die beiden Bakterienstämme erhalten Sie entweder durch einen gekauften Joghurt oder durch ein Joghurtferment.

Für die Joghurtzubereitung sollte man Rohmilch stets auf etwa 90 °C erhitzen und anschließend auf 40 °C abkühlen lassen. Nur auf diese Weise erhält man nämlich einen reinen, milden Joghurt, weil durch das Erhitzen alle anderen unerwünschten Milchsäurebakterien ausgeschaltet werden. (Pasteurisierte Milch braucht lediglich auf 40 °C erhitzt zu werden.)

Anschließend werden 3 Eßlöffel eines bereits vorhandenen Joghurts – oder beim ersten Mal das Joghurtferment – mit der Milch verrührt und diese in eine Schüssel oder in ein großes Einmachglas gefüllt. Man stellt das Glas entweder in eine Kochkiste oder in den auf 50 °C vorgeheizten Backofen. Nach einer Viertelstunde kann der Backofen abgestellt werden. Der Joghurt reift dann im geschlossenen Backofen in 5 bis 12 Stunden.

Ganz unproblematisch ist die Zubereitung im elektrischen Joghurtapparat. Die geimpfte Milch wird in Portionsgläser gefüllt, und diese werden fest verschlossen hineingestellt. Da das Gerät die Temperatur konstant auf etwa 40 °C hält, ist Ihr Joghurt hier in etwa 4 bis 5 Stunden fertig. Bis zum Verzehr sollte er im Kühlschrank aufbewahrt werden; dort ist er etwa 1 Woche haltbar. Ihr milder selbsthergestellter Joghurt wird bestimmt reißende Abnahme finden:

Der Joghurt reift in 6 bis 12 Stunden im Backofen.

zum So-essen, vermischt mit Saft oder frischen Früchten. Außerdem eignet er sich auch ganz ausgezeichnet zum Kochen oder für Salatsoßen.

Damit auch ganz bestimmt nichts schiefgeht, sollten Sie folgendes beachten:
1. Während des Reifeprozesses sollte das Joghurtgerät nicht auf einer vibrierenden Unterlage (zum Beispiel Kühlschrank) stehen.
2. Behalten Sie stets 3 Eßlöffel Ihres Joghurts zurück, damit Sie stets einen neuen herstellen können.
3. Der Vorgang der Joghurtzubereitung kann mit einem Ferment etwa 20- bis 25mal wiederholt werden, mit einem gekauften Joghurt 5- bis 8mal.

Der Joghurt reift in Portionsgläsern im elektrischen Joghurtbereiter.

Kefir

Auch der Kefir ist aus dem Osten zu uns gekommen, seine Heimat ist der Kaukasus. Weil dem Kefir bei der Heilung von Krankheiten ganz außerordentliche Fähigkeiten zugeschrieben werden, gibt es über ihn eine Fülle von Literatur, besonders von russischen Autoren. Kefirkuren werden bei Tuberkulose, Stoffwechselerkrankungen und Krebs verordnet. Der Kefirpilz kann innerhalb von 48 Stunden Thyphusbazillen absterben lassen und beseitigt selbst hartnäckigen Durchfall. Vielleicht ein Grund mehr, dieses nicht nur gesunde, sondern auch überaus schmackhafte Getränk in unserer Küche zuzubereiten.

Die Zubereitung von Kefir ist einfach; er benötigt zum Reifen nämlich keine zusätzliche Wärmequelle, sondern ist mit der Zimmertemperatur von 18 bis 20 °C zufrieden. Sein Nachteil ist die geringe Haltbarkeit: Er sollte stets frisch genossen werden, weil er auch im Kühlschrank noch stark nachsäuert.

Der Kefirpilz setzt bei seiner Arbeit nur einen Teil des Milchzuckers in Milchsäure um, den Rest in Alkohol. Aus diesem Grunde moussiert Kefir leicht und hat eine stopfende Wirkung (anders als Joghurt). Das einzige Problem bei der Kefirzubereitung besteht in der Beschaffung des Pilzes, der ein wenig wie ein „Miniblumenkohl" aussieht. Diesen kann man nämlich nicht kaufen. Man muß sich ein wenig umhören und ihn sich von Freunden oder Freunden von Freunden schenken lassen.

Wer auf diesen Glücksfall nicht warten möchte, kann sich allerdings auch ein gefriergetrocknetes Kefirferment (beispielsweise im Reformhaus) kaufen. Die Zubereitung des Kefirs mit einem Ferment entspricht der der Joghurtherstellung, mit dem einzigen Unterschied, daß keine zusätzliche Wärmequelle benötigt wird.

Mit Hilfe eines gefriergetrockneten Fermentes kann man auf einfache Art ebenfalls Kefir herstellen.

Die Zubereitung von Kefir mit einem Pilz

Wenn Sie glücklicher Besitzer eines Kefirpilzes sind, gehen Sie folgendermaßen vor: Ein Glas (Einmachglas mit Deckel oder Krug) wird mit 1 Liter Milch – Rohmilch oder pasteurisierte Milch – nicht ganz bis zum Rand (!) gefüllt und der Kefirpilz hineingelegt. Das Glas wird abgedeckt und etwa 24 Stunden bei Zimmertemperatur stehengelassen. Danach ist der Kefir fertig. Man gießt ihn durch ein Haarsieb und bewahrt ihn bis zum baldigen Verzehr im Kühlschrank auf. Wenn Sie den Kefir unmittelbar vor dem

Bei Zimmertemperatur reift der Kefir in einem nicht ganz bis zum Rand gefüllten, gut verschlossenen Glas.

Verzehr mit einem Schneebesen verrühren, erhalten Sie ein sehr homogenes Getränk.

Der im Haarsieb zurückgebliebene Pilz wird unter kaltem Wasser kräftig abgebraust und anschließend – wie oben beschrieben – erneut in Milch gegeben.

Das Abbrausen des Kefirpilzes sollten Sie täglich vornehmen, da das fertige Produkt sonst sehr leicht zu säuerlich schmeckt.

Auch wenn Sie gerade keinen Kefir herstellen wollen, muß der Pilz trotzdem ständig in so viel Milch liegen, daß er bedeckt ist. Diese sollte auch alle 24 Stunden erneuert werden. Der Pilz zieht sonst Fäden, er wird krank und zersetzt sich.

Sollte dies einmal eintreten, kann man ihn aber meist noch retten: Man spült ihn gründlich in sehr warmem Wasser und entfernt alle weichen Teile. In der Mitte sitzen in der Regel noch ein paar feste gesunde Knöllchen. Mit ihnen setzt man dann – wie oben beschrieben – einen neuen Kefir an. Bei guter Behandlung wird er sich ständig vermehren, so daß Sie einen Teil der blumenkohlartigen Gebilde verschenken können oder wegwerfen müssen. Es ist allein eine Frage Ihres persönlichen Geschmacks, wieviele Kefirpilze Sie in die Milch geben. Probieren Sie aus, wie Ihnen der Kefir am besten schmeckt.

Der Kefirpilz wird unter fließendem Wasser abgebraust.

Mögen Sie einmal eine Zeitlang keinen Kefir mehr oder wollen Sie verreisen, können Sie den Pilz in etwas Milch auch einfrieren.

Wenn Sie einen ganz reinen Kefir erhalten und die Arbeit anderer Milchsäurebakterien ausschalten wollen, müssen Sie pasteurisierte Milch verwenden; die Kefirzubereitung funktioniert aber auch mit Rohmilch.

Der fertige Kefir wird durch ein Haarsieb abgegossen.

Kefir kann in vielen Variationen die Grundlage für einen Nachtisch oder eine Zwischenmahlzeit sein.

Selber buttern – wie es Großmutter schon machte

Auch wenn Sie keine Kuh, kein Schaf und keine Ziege besitzen, meine ich, daß es sich trotzdem lohnt, die eigene Butterherstellung einmal zu wagen. Denn nichts geht über eine Scheibe selbstgebackenen Vollkornbrotes bestrichen mit frischer Butter, und dazu trinkt man die köstlich schmeckende Buttermilch, die quasi umsonst als Nebenprodukt anfällt.

Süßrahmbutter

Butter gewinnt man durch kräftiges Schlagen von Sahne (Rahm). Molkereien und große Betriebe gewinnen diese Sahne im Handumdrehen mit Hilfe einer sogenannten Zentrifuge. In dieser Zentrifuge wird die Rohmilch solange geschleudert, bis sie den leichten Rahm von der schweren Milch getrennt und durch zwei verschiedene Ausgänge entleert hat. Die Molkereien verarbeiten diese Sahne anschließend sofort zu Süßrahmbutter.

Die Milchzentrifuge trennt die Sahne von der Milch. Beide Flüssigkeiten laufen in getrennte Auffanggefäße ab.

Sauerrahmbutter

Im Haushalt schöpfen wir in der Regel den Rahm von Hand ab, lassen ihn sauer werden und fangen erst dann zu buttern an, weil auf diese Weise die Ausbeute wesentlich größer ist.

1. Schritt:
Das Entrahmen der Milch

Wie schon bei der Herstellung von saurer Sahne erwähnt wurde, bildet sich auf Rohmilch eine Rahmschicht, wenn man sie etwa 12 bis 18 Stunden im Kühlen stehenläßt. Je flacher und weiter die Schüsseln dabei sind, in die man die Rohmilch gießt, desto besser steigt der Rahm nach oben und läßt sich dann leicht mit einem flachen Löffel abschöpfen.

Die übrigbehaltene Milch kann zum Trinken oder aber auch zur Herstellung von fettarmem Joghurt oder Quark weiterverwendet werden.

Wenn man selber Tiere hat, wird man wahrscheinlich die Milch von mehreren Melkvorgängen entrahmen und die Sahne sammeln. Länger als 4 Tage sollte man aber nicht mit dem Buttern warten, selbst dann nicht, wenn man die Sahne pasteurisiert hat.

2. Schritt:
Das Ansäuern des Rahms

Im nächsten Schritt sollte Ihr sorgfältig abgeschöpfter Rahm sauer werden. Am schnellsten und einfachsten geht dies, wenn Sie zu 1 Liter Rahm 1 Viertelliter Buttermilch hinzufügen (oder Dickmilch) und ihn anschließend bei Zimmertemperatur stehenlassen. Nach 24 Stunden ist der Rahm in der Regel sauer und dick, und die eigentliche Arbeit des Butterns kann beginnen.

3. Schritt:
Das Schlagen des Rahms

Zum Buttern benötigt man normalerweise ein Butterfaß oder eine Buttermaschine. Denn Butter entsteht im Prinzip dadurch, daß der Rahm solange bewegt wird, bis sich

Der Rahm wird in einem speziellen Entrahmgefäß zurückbehalten oder, wie auf Seite 7 gezeigt, entrahmt.

Eine Chiantiflasche wird mit einem Korken fest verschlossen und geschüttelt.

Mit Hilfe von Buttermilch wird der Rahm angesäuert.

Durch das Drehen der Buttermaschine verbinden sich die Fettkügelchen zur Buttermasse.

die in ihm enthaltenen Fettkügelchen zur Buttermasse verbunden haben.

    Wenn Sie nur eine kleine Menge sauren Rahms zur Verfügung haben, oder wenn Sie das Buttern erst ausprobieren wollen, können Sie statt einer Buttermaschine auch eine dickbauchige Chiantiflasche verwenden. In diese füllt man dann die saure Sahne mit Hilfe eines Trichters hinein, verschließt die Flasche fest und schüttelt kräftig, so

lange, bis sich Butterklümpchen bilden. (Ein elektrischer Sahneschläger versagt im allgemeinen als Hilfsmittel, weil er eine zu hohe Laufgeschwindigkeit hat.)

    Wenn Sie regelmäßig Butter herstellen wollen, lohnt sich die Anschaffung einer kleinen Buttermaschine mit Handbetrieb oder elektrischem Antrieb. Sie ist in verschiedenen Größen (1 bis 5 Liter Fassungsvermögen) erhältlich.

Man kurbelt solange, bis etwa erbsengroße Butterkörner an der Oberfläche erscheinen.

Die Buttermilch wird durch ein Sieb abgegossen und die Butter unter fließendem Wasser gespült.

Mit Hilfe von zwei Brettchen wird die Butter gründlich geknetet.

Sie müssen etwa 30 Minuten kurbeln, bis sich die Fetttröpfchen zu den ersten Butterkörnchen verbunden haben und an der Oberfläche sichtbar werden.

Verlangsamen Sie anschließend Ihre Drehungen ein wenig, und kurbeln Sie solange weiter, bis die Butterkörner etwa erbsengroß sind.

Beachten Sie, daß der von Ihnen verwendete Rahm im Winter eine Temperatur von 16 bis 18 °C, im Sommer von etwa 12 °C haben sollte. Bei zu hohen Temperaturen wird die Butter nämlich schmierig, bei zu niedrigen krümelig.

Sollte Ihre Geduld auf eine harte Probe gestellt werden und sollten nach etwa 30 Minuten immer noch keine Butterklümpchen sichtbar sein, kann der verwendete Rahm zu kalt oder zu dick gewesen sein. Durch die Zugabe von etwas warmem Wasser können Sie dieses Problem aber schnell beheben.

4. Schritt:
Das Abgießen der Buttermilch

Wenn Sie meinen, daß Sie genügend gekurbelt haben, stellen Sie Ihre Buttermaschine noch eine Weile kühl, denn dann werden auch die letzten Butterkörnchen an die Oberfläche steigen.

Anschließend gießen Sie dann die Buttermilch vorsichtig durch ein Haarsieb ab. Diese Buttermilch fällt nur bei der Herstellung von Sauerrahmbutter an. Sie schmeckt vorzüglich und ist ein gesunder Durstlöscher, der alle wichtigen Mineral- und Eiweißstoffe enthält.

5. Schritt:
Das Spülen und Kneten der Butter

Die im Haarsieb verbliebene Butter muß nun einige Male gut unter fließendem kalten Wasser gespült werden. Gleichzeitig sollte nach jedem Spülgang das Wasser und die noch vorhandene Buttermilch am besten mit Hilfe von zwei kleinen Brettchen gründlich herausgepreßt beziehungsweise geknetet werden. Wenn man dies nicht sorgfältig genug macht, kann die Butter, wenn sie lange aufbewahrt wird, leicht ranzig werden.

Wer will, kann bei diesem Knetvorgang etwas Salz in die Butter einarbeiten, unbedingt nötig ist es allerdings nicht.

6. Schritt:
Das Formen der Butter

Ganz zum Abschluß wird die Butter geformt. Dies geschieht entweder mit der Hand oder mit einer hölzernen Butterform.

Das Formen mit der Hand gelingt nur, wenn Sie Ihre Hände in möglichst heißes Wasser getaucht haben und die Butter schnell formen. Wer mag, kann sie dann abschließend noch mit allerlei Mustern verzieren. Ein Buttermodel wird vor Gebrauch in heißes Wasser gelegt, dann kurz in kaltem Wasser gespült. Man füllt die Butter sorgfältig hinein, damit keine Luftlöcher entstehen, und stürzt sie anschließend auf einen Teller oder ein fettabstoßendes Papier.

Wenn Sie zum Beispiel aus Schafsmilch Butter machen, ist die Ausbeute wesentlich größer als bei Kuhmilch. Sie erhalten dann aus 1 Liter Schafsrahm etwa 400 bis 500 Gramm Butter (aus 1 Liter Kuhrahm je nach Güte 100 bis 200 Gramm Butter).

Schafsbutter ist weicher als Kuhbutter und ganz weiß, sie hat einen mandelartigen Geschmack.

Quark und Rahmfrischkäse – im Handumdrehen zubereitet

Der Frischkäse hat in jeder Landschaft einen anderen Namen: Quark, Topfen, Glumse, Krümelkäse usw.

Aus unserer heutigen Ernährung ist er überhaupt nicht mehr wegzudenken. Vom gesundheitlichen Standpunkt wirkt Quark wie Medizin: Er bringt den Stoffwechsel in Ordnung, fördert den Abbau von Stoffwechselschlacken und spendet dem Körper hochwertiges, leicht verdauliches Eiweiß mit allen essentiellen Aminosäuren.

In der Küche ist kaum ein Lebensmittel so vielseitig wie er: Man kann ihn mit allerlei „Grünem" und Gewürzen vermischen und so als Brotbelag, als Beilage zu Pellkartoffeln, als Belag für eine Pizza, als Füllung für Gemüse oder Nudeln oder als Grundlage für einen Nachtisch verwenden. Sicherlich fallen auch Ihnen auf Anhieb zahlreiche Rezepte und kulinarische Quarkköstlichkeiten ein.

Wie die gesäuerten Milcherzeugnisse, so läßt sich auch Quark auf einfache Weise selber herstellen. Das „Eigenprodukt" liefert uns dabei einen köstlich schmeckenden Quark ohne irgendwelche Konservierungsstoffe und sonstigen Zusätze.

Und so stellt man Quark her

Geben Sie 1 Liter rohe Milch in eine Schüssel, decken Sie diese leicht ab und lassen Sie sie bei Zimmertemperatur (20 bis 22 °C) in etwa 2 Tagen sauer und dick werden.

Um diesen Vorgang zu beschleunigen oder wenn nur pasteurisierte Milch zur Hand ist, können Sie die Milch auch mit 2 bis 3 Eßlöffeln Dickmilch (Kefir oder Buttermilch) impfen. Sie ist dann in der Regel nach 18 bis 24 Stunden „fertig".

Anschließend muß die saure dicke Milch etwa 30 Minuten auf 35 °C erwärmt werden, damit sich der sogenannte Bruch bildet. Hierbei trennt sich die Molke vom Milcheiweiß.

Dies gelingt am besten, wenn Sie die Schüssel in den auf 50 °C vorgeheizten, aber bereits wieder abgestellten Backofen stellen. (Ebenso kann die Milch auch auf die leicht vorgewärmte, aber ausgeschaltete Elektroplatte gestellt werden).

Achten Sie darauf, daß die Mischung nicht zu heiß wird, Ihr Quark wird sonst nämlich trocken und bröselig.

Wenn Sie kein Speisethermometer zur Hand haben, können Sie mit dem Finger die Temperatur überprüfen; sie entspricht etwa Ihrer Körperwärme.

Nach etwa 30 bis 45 Minuten legen Sie dann ein Küchensieb mit einem Mulltuch aus, das Sie vorher in kaltem Wasser gut ausgespült und dann ausgewrungen haben. Das Sieb hängen Sie über einen Topf und schöpfen die geronnene Milchmischung vorsichtig hinein. Die Molke läuft dabei in den Topf ab.

Anschließend verknoten Sie die Enden des Tuches und hängen es über dem Topf auf. Nach etwa 2 Stunden ist die Molke vollständig abgetropft, und im Tuch bleibt Ihr frischer, köstlich duftender Quark zurück (etwa 200 bis 300 Gramm pro Liter Milch).

Noch ein Tip:

Lassen Sie die Molke nicht vollständig abtropfen, da sonst der Quark sehr trocken wird. Für die weitere Zubereitung müssen Sie sonst unnötigerweise viel Milch oder Sahne hinzufügen, um eine cremige Quarkmasse zu erhalten.

Wenn Sie für Ihre Quarkherstellung die entrahmte Milch verwenden, die bei der Butterherstellung übriggeblieben ist, erhalten Sie Magerquark.

Rahmfrischkäse

Zur Rahmfrischkäseherstellung verwenden Sie statt der Milch 1/2 Liter Sahne (Rohmilch entrahmen). Sie impfen diese mit 1 Eßlöffel Dickmilch und lassen sie in 24 Stunden dick und sauer werden.

Die angesäuerte Milch wird für etwa 30 Minuten in den Backofen gestellt.

Das Tuch wird verknotet und aufgehängt, damit die Molke abfließen kann.

Ein Sieb wird mit einem nassen Mulltuch ausgelegt und der Bruch hineingeschöpft.

Angerichteter Rahmfrischkäse

Diese dicke saure Sahne verarbeiten Sie genauso, wie oben bei der Quarkherstellung beschrieben wurde. Wenn die Molke abgelaufen ist, erhalten Sie einen Frischkäse mit einem sehr hohen Fettgehalt.

Molke

Die aufgefangene Molke können Sie in der Küche weiterverwerten, zum Weggießen wäre sie viel zu schade, enthält sie doch viele Vitamine, Mineralstoffe und Reste von Milcheiweiß. Sie ist im Kühlschrank etwa 1 Woche haltbar.

Molke kann man wie Buttermilch oder zur Hälfte mit einem Süßmost vermischt trinken und sie anstelle von Wasser zum Brotbakken oder aber zur Herstellung von Waffeln oder Pfannkuchen verwenden.

Da Molke eine stark reinigende Wirkung hat, kann man sie auch als Gesichtswasser, als Zusatz zum Badewasser oder als Ersatz für das Geschirrspülmittel (zusätzlich 2 Eßlöffel Essig ins Abwaschwasser geben) benutzen.

Kleine Käserei zu Hause

Wenn Sie jetzt den unvergleichlichen Geschmack von selbst hergestellten Sauermilchprodukten und Butter schätzen gelernt und Spaß an Ihrer Zubereitung gewonnen haben, steht auch der Eigenproduktion von Käse nichts mehr im Wege.

Drei Dinge sollten Sie dabei allerdings beachten:
● Auch wenn es selbstverständlich klingt: Sauberkeit ist die Voraussetzung für das Gelingen eines Käses. Deshalb sollten alle Geräte, Töpfe und Formen, die Sie bei der Käseherstellung benutzen, vorher gründlich mit einem Spülmittel gereinigt, mit heißem Wasser nachgespült und anschließend zum Abtropfen aufgestellt werden.
● Beginnen Sie am besten zunächst mit den einfachen Frischkäsesorten. Haben Sie bereits etwas Erfahrung, können Sie dann auch ohne Schwierigkeiten einen Schnittkäse herstellen.
● Im Fachhandel gibt es für die Käseherstellung allerlei Geräte und Formen, die die Arbeit erleichtern, wenn sie oft gemacht wird. In den meisten Fällen können diese aber mit etwas Phantasie und Geschick durch Hilfsmittel ersetzt werden, die in jeder Küche vorhanden sind.

Zubehör für die Käseherstellung

Das benötigen Sie für die Käseherstellung:
● einen Kochtopf, am besten aus Edelstahl;
● einen Schneebesen und einen Schöpflöffel;
● ein Leinentuch oder eine Mullwindel;
● ein Küchen- oder Salatabtropfsieb;
● ein Speisethermometer (oder das Einkochthermometer, das aus der Metallhülle herausgenommen wird);
● eine Käseharfe beziehungsweise einen Bruchschneider (man kann sich auch mit einem langen Messer und einem u-förmig gebogenen Draht behelfen);
● Käseformen in verschiedenen Größen. Man kann sie aus Kunststoff, Keramik oder Holz kaufen. Zum Probieren kann man aber auch Teefilter aus Keramik oder Margarine- und Joghurtbecher oder Gefrierdosen verwenden, die mit Hilfe einer heißen Nadel mit Ablauflöchern versehen werden.

(Vorsicht: nicht für die Lebensmittelherstellung vorgesehenes Plastik kann in Verbindung mit Molke Cadmium und andere unerwünschte Stoffe abgeben.)

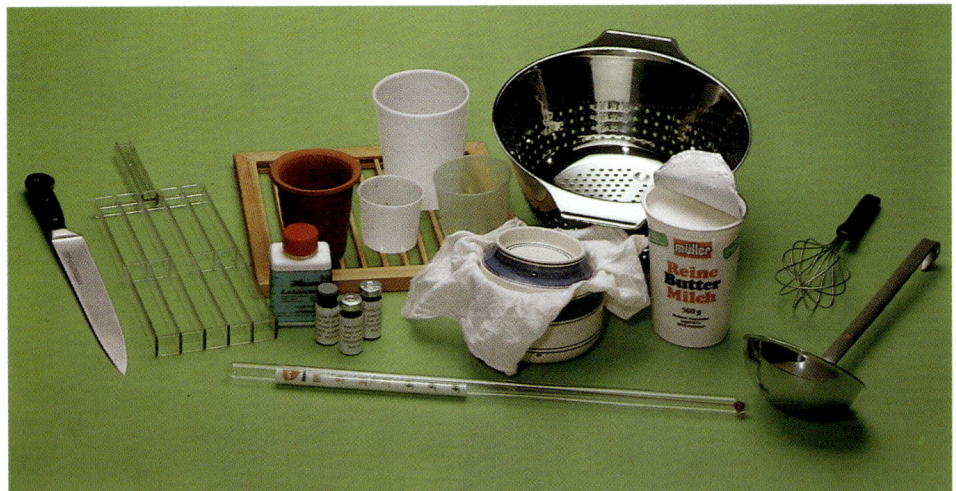

Allerlei Käsezubehör: verschiedene Formen, Einkochthermometer, Messer, Schneebesen, Mulltuch, Bruchschneider, spezielle Käseform mit Deckel.

Für die Herstellung eines Hart- (beziehungsweise Schnitt-)käses benötigen Sie zusätzlich:
- eine Käseform mit genau passendem Deckel. Auch diese sind aus Keramik oder Holz im Fachhandel erhältlich. Wer ein geschickter Bastler ist, kann sich aus Holz selber eine herstellen oder aber für seine Weichkäseformen einen passenden Deckel aus Holz in der gewünschten Größe sägen.
- eine Vorrichtung, um den Käse zu pressen. Man kann sich dabei mit einigen großen Gewichten und Steinen behelfen; gleichmäßiger gepreßt wird Ihr Käse allerdings durch eine Gewichthebepresse (auch sie ist nachbaubar).

Woraus besteht unser selbstgemachter Käse?

Ausgangspunkt für die Käseherstellung ist selbstverständlich immer die **Milch**. Fast alle Rezepte können sowohl aus Kuh- als auch aus Schafs- oder Ziegenmilch zubereitet werden. Ob Sie dabei pasteurisierte Milch oder Rohmilch verwenden, müssen Sie selbst nach Ihren Möglichkeiten entscheiden.

Zusätzlich zur Milch benötigen Sie noch einen sogenannten **Starter oder Säurewecker,** mit dem Sie die Milch impfen. Als Starter dienen uns im Haushalt Buttermilch, Dickmilch oder Joghurt. Große Molkereien haben für ihre Käseherstellung ganz bestimmte Säurewecker gezüchtet, mit denen sie ihre Milch impfen. Auf diese Weise erhalten sie dann ihre ganz bestimmten Käsesorten.

Da wir bei der Käseherstellung nicht warten, bis die Milch dick und sauer geworden ist, sondern immer „süße" Milch verwenden, nehmen wir **Lab** zur Hilfe, das die Fähigkeit hat, frische Milch in kürzester Zeit zum Gerinnen zu bringen.

Lab ist ein Enzym (Ferment) und kommt in einigen Pflanzen (Labkraut, Feigen) sowie in der Magenhaut der Kälber vor. Früher verwendete man hauptsächlich die Wurzeln des Labkrautes für die Käseherstellung; heutzutage stellt man Lab synthetisch aus der Magenhaut der Kälber her. Es wird in flüssiger und in Tablettenform in Apotheken und einigen Reformhäusern verkauft.

Lab sollte stets im Kühlschrank aufbewahrt werden. Nur ganz geringe Mengen (wenige Tropfen) und eine Temperatur von 28 bis 32 °C sind nötig, damit die Milch durch Lab eingedickt wird.

Wie entsteht der typische Käsegeschmack?

Neben den verschiedenen Milchsorten und unterschiedlichen Säureweckern beeinflußt der Fettgehalt der Milch und die spätere Reifezeit des Käses seinen Geschmack entscheidend.

Außerdem ist es möglich, durch die Zugabe von weiteren Bakterienstämmen, die Käseart zu beeinflussen. So entsteht zum Beispiel Weichkäse durch die Zugabe von Weißschimmelkulturen eine Art Camembert oder Brie, durch Zugabe von Blauschimmelkulturen eine Art Gorgonzola oder Roquefort.

Weichkäsesorten werden meist frisch verzehrt, das heißt, sie sind höchstens einige Tage bis Wochen alt (Ausnahmen gibt es auch hier).

Beim Hartkäse gibt es Sorten, die über Monate reifen können. Dies ist in einem normalen Haushalt nicht immer ganz einfach durchzuführen. In dem Raum, in dem der Käse reift, sollte eine Temperatur von 10 bis 16 °C und eine sehr hohe Luftfeuchtigkeit (etwa 90 Prozent) herrschen. Wenn die Temperatur stimmt, kann man die Luftfeuchtigkeit übrigens auch dadurch erhöhen, daß man unter den Käse eine mit Wasser gefüllte Schale stellt.

Die Herstellung eines Frischkäses

Zunächst möchte ich Ihnen die einzelnen Arbeitsschritte bei der Herstellung eines Frischkäses genau beschreiben. Bei den später folgenden Rezepten werden dann nur noch Abweichungen und Besonderheiten aufgezeigt.

Sie werden bei der Zubereitung sicherlich bald feststellen, daß sich vieles komplizierter anhört, als es in Wirklichkeit ist. Sobald Sie den Frischkäse ein paar Mal zubereitet haben, werden Ihnen die Herstellungsabläufe leicht von der Hand gehen.

1. Schritt:
Die Zugabe eines Säureweckers
In 2 Liter melkwarme Milch werden 2 bis 4 Eßlöffel Buttermilch (Dickmilch oder Joghurt) als Säurewecker eingerührt. Das Gefäß wird abgedeckt und 1/2 Stunde an einem warmen Ort (zum Beispiel auf dem Heizkörper) stehengelassen. Die Temperatur der Milch sollte dabei kaum absinken.

Wenn Sie pasteurisierte Milch verwenden, erhitzen Sie diese vorsichtig auf 32 °C. Schafs- und Ziegenmilch sollte eine Temperatur von 29 °C haben.

2. Schritt:
Das Gerinnen der Milch
Nach dieser halben Stunde sollte die Milch möglichst noch immer eine Temperatur von 32 °C beziehungsweise 29 °C haben, denn bei dieser Temperatur bringt Lab die Milch am besten zum Gerinnen.

Man gibt jetzt 6 bis 8 Tropfen Lab (oder 1 Labtablette) zur Milch. Damit sich das Lab gut verteilt, tropft man es am besten zunächst in eine Tasse mit etwas lauwarmem Wasser und rührt es dann in die Milch ein. Das Gefäß wird wieder gut abgedeckt, damit kaum eine Abkühlung stattfindet.

Nach etwa 30 Minuten ist die Milch eingedickt. Der Fachmann nennt diese eingedickte Milch Gallerte.

Bei diesem Arbeitsschritt sollten Sie darauf achten, daß Sie nicht zu viel Lab in die Milch geben und daß die Temperatur nicht zu hoch ist. Die Milch würde sonst nämlich zu schnell gerinnen. Für den späteren Käse bedeutet das, daß zuviel Molke in den Käsebruchteilen zurückbleibt und er dadurch säuerlich schmeckt.

3. Schritt:
Die Bruchherstellung
Die Gallerte besteht zu etwa 90 Prozent aus Molke und zu 10 Prozent aus Trockenmasse. Beide müssen in diesem Arbeitsschritt voneinander getrennt werden, um den sogenannten Bruch zu erhalten. Dies gelingt dadurch, daß man die Gallerte in Würfel schneidet. Ersatzweise können Sie auch ein langes Messer und einen u-förmig gebogenen Draht verwenden: Dafür wird die Gallerte zunächst mit dem Draht horizontal in Schichten von 2 Zentimeter Dicke geschnitten; man beginnt dabei oben und geht weiter in die Tiefe. Anschließend schneidet man die Gallerte mit dem Messer alle 2 Zentimeter kreuz und quer durch, so daß sich Würfel von 2 Zentimeter Kantenlänge ergeben.

Diese Bruchgröße ist für die Zubereitung eines Frischkäses ausreichend.

4. Schritt:
Das Trennen der Molke
Nach dem Schneiden wird der Bruch etwa 10 Minuten stehengelassen, damit er sich setzen kann. Danach bewegen Sie ihn noch einmal vorsichtig mit dem Schaumlöffel, um ihn dann für weitere 10 Minuten stehenzulassen.

Auf diese Weise trennt sich die Molke von der Käsemasse.

5. Schritt:
Das Schöpfen in Käseformen
Jetzt können Sie mit dem Abschöpfen der Bruchmasse in Käseförmchen beginnen. Sie füllen dazu den Käsebruch mit der Molke mit Hilfe einer Schöpfkelle direkt in Käseförmchen, diese dürfen randvoll gefüllt sein.

6. Schritt:
Das Abtropfen des Käses
Wenn Sie die gesamte Bruchmasse in die Form beziehungsweise Formen abgefüllt haben, decken Sie diese mit einem Tuch ab und lassen sie bei 20 bis 25 °C stehen.

Die Formen müssen dabei so aufgestellt werden, daß die Molke gut abfließen kann. Man stellt sie deshalb am besten auf Holzroste, Strohmatten oder nicht rostende,

Buttermilch als Säurewecker und in Wasser aufgelöstes Lab wird zur Milch gegeben.

Der Bruch wird in Käseförmchen geschöpft.

Mit Hilfe eines Messers oder Bruchschneiders wird der Käsebruch geschnitten.

Die Käseformen werden zum Abtropfen der Molke auf Roste oder ähnliches gestellt.

grobmaschige Untersetzer, die in ein größeres Gefäß gestellt werden. Dieses nimmt dann die abtropfende Molke auf.

Nach 24 Stunden ist der Käse in der Regel soweit abgetropft, daß er aus der Form genommen werden kann.

Die Verwendung des Frischkäses

Sie haben jetzt fast unbegrenzte Möglichkeiten, diesen Frischkäse, der frisch ähnlich wie Quark schmeckt, zu verwenden. Sie können zum Beispiel Kräuter und Gewürze, Früchte und Nüsse hinzufügen, ihn sofort essen oder auch noch eine Weile reifen lassen.

Wenn Sie den Käse länger aufbewahren möchten, wickeln Sie ihn entweder fest in Alufolie ein, damit er nicht austrocknet, und legen ihn in den Kühlschrank.

Oder Sie lassen ihn noch etwas reifen: Schlagen Sie zu diesem Zweck einen unglasierten Tontopf mit einem Mulltuch aus, das Sie vorher in Salzwasser getränkt haben. Geben Sie Ihren Frischkäse hinein und streuen Sie Salz oder legen Brennessel- oder Weinblätter dazwischen. Decken Sie alles mit einem feuchten Tuch ab, und wenden Sie den Käse jeden Tag.

Weitere Rezepte für viele verschiedene Frischkäsesorten finden Sie im Abschnitt „Wir laden ein zu selbstgemachten Käsespezialitäten".

Die Herstellung eines Schnittkäses

Vielleicht haben Sie jetzt soviel Spaß und Erfahrung bei der Herstellung von Frischkäse gewonnen, daß Sie auch einen Schnittkäse selber herstellen möchten.

Weil der Arbeitsaufwand hierbei größer ist als bei der Zubereitung von Frischkäse, sollten Sie mindestens 5 Liter Milch verarbeiten; daraus erhalten Sie etwa 500 Gramm Käse.

Um es gleich vorauszuschicken und um Sie vor eventuellen Enttäuschungen zu bewahren: Sie können zuhause keinen original Emmentaler, Appenzeller, Edamer oder eine ganz bestimmte andere Käsesorte herstellen. Neben der Zugabe eines Säureweckers (jede Molkerei verwendet Ihre eigene Käsekultur) beeinflußt die Qualität der verwendeten Milch, der Druck, mit dem der Käse gepreßt wird, und die Temperatur und Dauer der Reifezeit ganz entscheidend den Geschmack jeder einzelnen Käsesorte. So werden auch Sie bald feststellen, daß Ihr hausgemachter Käse durchaus nicht jedes Mal gleich schmeckt.

Wenn Sie nach dem folgenden Rezept einen Schnittkäse herstellen, erhalten Sie eine Art hausgemachten Gouda.

1. Schritt:
Die Zugabe eines Säureweckers
Genau wie bei der Herstellung eines Frischkäses rühren Sie zunächst 6 bis 8 Eßlöffel Buttermilch, Dickmilch oder eine Käsekultur in 5 Liter Milch (Rohmilch oder pasteurisierte Milch) ein und lassen diese etwa 1/2 Stunde an einem warmen Ort stehen.

2. Schritt:
Das Hinzufügen von Lab
Falls erforderlich, erwärmen Sie die Milch vorsichtig auf 32° (beziehungsweise 29°C), verrühren 20 Tropfen Lab (2½ Tabletten) in etwas lauwarmem Wasser und rühren es in die Milch ein. Nach weiteren 30 Minuten ist die Milch geronnen; die Gallerte hat sich gebildet.

3. Schritt:
Das Herstellung des Bruchs
Sie schneiden, um den Bruch zu erhalten, genau wie bei der Frischkäsezubereitung, die Gallerte mit Hilfe der Käseharfe oder mit einem langen Messer zu einem u-förmig gebogenen Draht in 2 Zentimeter große Würfel. Danach lassen Sie den Bruch 5 bis 10 Minuten ruhen.

Für die Schnittkäseherstellung ist diese Bruchgröße allerdings zu groß. Deshalb rühren Sie anschließend am besten mit einem Schneebesen den Bruch vorsichtig durch, bis die einzelnen Stücke in etwa die Größe einer Erbse haben.

Der Bruch wird mit dem Schneebesen solange gerührt, bis er etwa die Größe einer Erbse hat.

4. Schritt:
Das Trennen der Molke
Danach lassen Sie den Bruch noch einmal 5 bis 10 Minuten stehen. Auf diese Weise kann sich die Molke absetzen und ein Teil vorsichtig abgeschöpft oder abgegossen werden.

5. Schritt:
Das Bruchwaschen
Im Unterschied zur Frischkäsezubereitung muß der Bruch für einen Schnittkäse jetzt noch einmal nachgewärmt werden. Durch dieses Nachwärmen schrumpft er zusammen, und die Molketeilchen lösen sich; der spätere Schnittkäse wird dadurch fest.

Den Arbeitsvorgang nennt man Bruchwaschen, weil man soviel warmes Wasser (50°C) unter ständigem Rühren hinzufügt, bis der Käsebruch eine Temperatur von

33 bis 36 °C (nicht mehr!) erreicht hat. Nach Erreichen der Temperatur rühren Sie den Käsebruch während der folgenden 10 bis 15 Minuten ab und zu mit dem Schneebesen einmal durch, damit er ständig etwas in Bewegung bleibt.

Danach sollte der Käsebruch eine matte gelbliche Farbe haben. Wenn er noch glänzt, ist er noch nicht reif. In diesem Fall muß man ihn noch ein paar Minuten stehenlassen und gegebenenfalls noch einmal nachwärmen (durch die Zugabe von warmem Wasser).

Durch Hinzufügen von 50 °C warmem Wasser wird der Bruch auf 33 ° bis 36 °C erwärmt.

6. Schritt:
Das Abschöpfen der Bruchmasse

Den reifen Käsebruch geben Sie zunächst in ein großes Mulltuch, das Sie leicht hin und her bewegen, damit die Molke möglichst schnell abfließen kann.

Wenn möglichst viel Molke abgelaufen ist (man kann den Bruch notfalls auch etwas mit den Händen zusammendrücken), füllen Sie den Käsebruch in die vorgesehene Form. Diese sollte einen genau in die Form passenden Deckel besitzen, möglichst warm sein (vorher in heißes Wasser legen) und mit einem Käsetuch aus Mull oder Leinen ausgeschlagen werden.

Durch dieses Tuch erhält der Käse später seine gute Rinde. Es darf allerdings nicht zu groß gewählt werden, damit die eingeschlagenen Tuchenden sich nicht im Käse abdrücken.

Nach dem Einfüllen des Käsebruchs ziehen Sie die Tuchenden möglichst straff und setzen den Deckel in die Form.

Durch das Hin- und Herbewegen des Tuches läuft die Molke sehr schnell ab.

Der Bruch wird in die mit einem Tuch ausgelegte Käseform gegeben.

Für die gute Rindenbildung ist das sorgfältige Straffziehen des Tuches äußerst wichtig.

7. Schritt:
Das Pressen

Wenn Sie einen Schnittkäse herstellen wollen, reicht es nicht aus, den Käsebruch in die Form zu schöpfen und zum Abtropfen aufzustellen. Der Käse muß gepreßt werden.

Der Preßdruck und die Preßzeit sind bei jeder Käsesorte unterschiedlich. Das Gewicht, mit dem gepreßt wird, kann zwischen 1 Kilogramm und 40 Kilogramm und die Preßzeit zwischen einigen Stunden und mehreren Tagen liegen. In unserem Beispiel lassen Sie den Käse zunächst 10 Minuten in der Form stehen, pressen ihn dann 1/2 Stunde mit 0,3 Kilogramm pro Quadratzentimeter Oberfläche und anschließend 4 Stunden mit doppeltem Gewicht.

Um das exakte Gewicht bestimmen zu können, müssen Sie die Oberfläche Ihres Käses berechnen. Wenn Sie zum Beispiel eine runde Käseform von 12 Zentimeter Durchmesser besitzen, errechnet sich die Oberfläche so: 3,14 x halber Durchmesser (6) im Quadrat = 3,14 x 36 = 113,04 Quadratzentimeter. Diese Zahl müssen Sie mit 0,3 multiplizieren und erhalten etwa 34 Kilogramm für Ihr Preßgewicht.

Diesen Preßdruck erreichen Sie am einfachsten durch eine Gewichthebelpresse.

Grundsätzlich kann man sagen: Preßt man am Anfang zu stark, schließt sich die Rinde sehr schnell, es kann keine Molke mehr heraustreten und der Käse schmeckt später leicht säuerlich. Preßt man zu wenig oder hat eine zu starke Abkühlung stattgefunden, schließt sich die Rinde nicht vollständig. Sorgen Sie deshalb dafür, daß der Käse möglichst bei einer Raumtemperatur von 20 bis 25 °C gepreßt wird; gießen Sie gegebenenfalls etwas warmes Wasser über die Käseform, um sie nachzuwärmen.

8. Schritt:
Das Entfernen des Käsetuches

Nach dem Pressen entfernen Sie das Tuch vorsichtig mit einem scharfen Messer, um die Rinde nicht zu beschädigen.

Anschließend legen Sie den Käse ohne Tuch noch einmal in die Form und lassen ihn so weitere 10 Stunden reifen.

Sollte der Käse nach dem Entfernen des Tuches keine schöne Rinde haben, legen Sie ihn noch einmal für kurze Zeit in warmes (40 °C) Wasser und anschließend noch einmal unter die Presse.

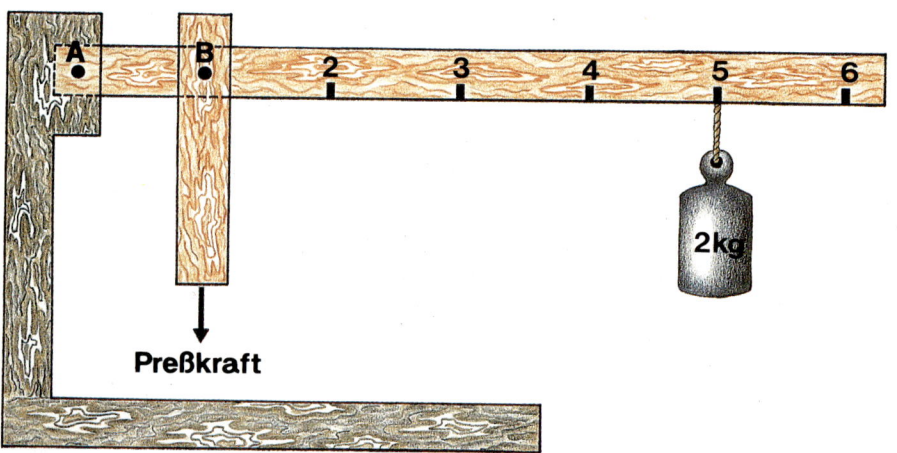

A, B: Um diese Punkte sind die beweglichen Stäbe drehbar

feste Bauteile   bewegliche Bauteile

Da die Abstände zwischen A und B, zwischen B und 2, zwischen 2 und 3 usw. jeweils gleich sind, ist im gekennzeichneten Beispiel die **Preßkraft fünfmal so groß wie die Gewichtskraft des 2-kg-Stücks.**

9. Schritt:
Das Salzen

Bevor Sie den Käse reifen lassen, salzen Sie ihn ein. Dies kann auf zweierlei Weise geschehen.

Erstens: Reiben Sie den Käse in den folgenden 3 Tagen täglich leicht mit Salz ein. Sie benötigen dazu insgesamt etwa 20 Gramm Salz. Nach dem Einreiben drehen Sie ihn jeweils auf die andere Seite.

Zweitens: Sie legen ihn für 6 bis 12 Stunden in eine Salzlösung. Diese sollte aus 200 Gramm Salz pro Liter Wasser bestehen, abgekocht werden und etwa Zimmertemperatur haben. (Bewahren Sie diese Salzlösung für weitere Käsezubereitungen auf.)

10. Schritt:
Das Reifen

Wie schon erwähnt, sollte der Käse in einem kühlen, nicht zu trockenen Raum reifen.

Während der ersten 2 Wochen wenden Sie den Käse jeden 2. Tag und wischen ihn mit einem feuchten Tuch oder mit den Händen ab. Danach wird er nur noch 1mal pro Woche gewendet und abgewischt.

Je nach Raumtemperatur reift Ihr Käse langsam oder schnell. 3 bis 5 Wochen – nach Geschmack auch länger – sind normal. Probieren Sie selbst aus, wie Ihnen Ihr Schnittkäse am besten schmeckt.

Ganz nach dem Geschmack läßt man den Schnittkäse 3 bis 5 Wochen reifen.

Schnittkäsevariationen

Schnittkäse nach englischer Art

In diesem Rezept wird der Käse nicht erst nach dem Pressen gesalzen, sondern Sie fügen das Salz bereits dem Käsebruch zu. Sie verfahren dabei zunächst, wie im Rezept beschrieben wurde. Dann schöpfen Sie den etwa haselnußgroßen Bruch in ein Tuch, hängen dieses auf und lassen die Molke etwa 1 Stunde lang abfließen. Danach nehmen Sie den Bruch heraus, mischen ihn mit 15 Gramm Salz und geben ihn in die mit einem Tuch ausgelegte Käseform. Sie pressen den Käse etwa 2 Stunden mit 5 Kilogramm, nehmen ihn aus der Form, wickeln ihn neu ein und pressen ihn weitere 12 Stunden mit doppeltem Preßdruck. Danach wird er noch einmal aus der Form genommen, neu eingewickelt und weitere 24 Stunden mit nochmals verdoppeltem Druck gepreßt.

Anschließend reiben Sie ihn mit einer Mehlpaste (Mehl mit Wasser zu dickflüssigem Brei verrühren) ein und umwickeln ihn mit einem Baumwolltuch. Der Käse sollte in einem kühlen, aber nicht zu kalten Raum mindestens 3 Wochen reifen und dabei täglich gewendet werden.

Reibekäse

Wenn Sie den oben beschriebenen Hartkäse bei einer nicht so hohen Luftfeuchtigkeit und einer Temperatur von etwa 15 °C 6 bis 8 Wochen lang reifen lassen, erhalten Sie einen sehr harten, gelblichen Käse, den Sie in der Küche als Reibekäse verwenden können.

Sollte der Käse zu trocken werden, besprühen Sie ihn während der Reifezeit ab und zu ein wenig mit Wasser und reiben ihn gegebenenfalls mit etwas Salz ein.

Löcherkäse

In der Schweiz stellt man den berühmten Emmentaler Käse her, der viele große Löcher hat. Diese entstehen dadurch, daß man dem Käse gezielt zusammen mit dem Lab Propionsäurebakterien (im Fachhandel erhältlich) zugibt, die bei ihrer Arbeit Gase entwickeln und so die großen Löcher im Käse entstehen lassen. Ansonsten entspricht die Herstellung der vom Gouda, mit dem Unterschied, daß der Käse zunächst 2 Wochen bei Zimmertemperatur reifen sollte, bevor man ihn in einem kühlen Raum nachreifen läßt.

Wir laden ein zu selbstgemachten Käsespezialitäten

Probieren Sie die folgenden verschiedenen köstlich schmeckenden Käsevariationen einmal aus, und laden Sie dann anschließend Ihre Familie oder Ihre Freunde zu einem Käsebufett nach Art des Hauses ein.

Kräuterkäse

1 Frischkäse aus 2 l Milch
2 EL feingehackte Kräuter
1 Knoblauchzehe
1/2 TL Salz

Mischen Sie die feingehackten Kräuter mit dem Salz und der zerdrückten Knoblauchzehe, und wälzen Sie Ihren selbstgemachten Frischkäse darin.
Anschließend müssen Sie die Kräuterschicht gut andrücken und den Käse bis zum Verzehr kühl und trocken lagern.

Knoblauchkäse aus Ziegenmilch

1 l Frischkäse aus 2 l Ziegenmilch
(ersatzweise Kuhmilch)
1/2 TL Salz
2 Knoblauchzehen

Sie stellen – wie beschrieben – aus 2 Litern Ziegenmilch einen Frischkäse her. Der Bruch wird dabei jedoch nicht in Formen abgeschöpft, sondern zunächst mit 1/2 Teelöffel Salz und 2 frisch ausgepreßten Knoblauchzehen) (je nach Geschmack auch mehr) vermischt. Anschließend legt man ein Sieb mit einem feuchten Tuch aus, füllt die gewürzte Bruchmasse hinein und hängt dieses Tuch zunächst für 2 Stunden auf, damit ein großer Teil der Molke abfließen kann. Danach legt man das Tuch mit dem Käse in das Sieb zurück, beschwert es mit einem großen Stein oder Gewicht und preßt es so etwa 2 Tage lang im Kühlschrank.
Man kann diesen Käse frisch verzehren oder aber auch nach Geschmack noch in Öl einlegen.

Eingelegter Knoblauchkäse

1 Knoblauchkäse aus Ziegenmilch
oder ein Frischkäse aus 2 l
Schafs-, Ziegen- oder Kuhmilch
2 Weinblätter (frisch oder in Salzlake eingelegt)

Der selbstgemachte Frischkäse oder Knoblauchkäse wird in dicke Scheiben oder in Würfel geschnitten. Die Knoblauchzehen werden geviertelt, die Weinblätter in Streifen geschnitten und die Anissamen grob zerstoßen. Alles wird abwechselnd in ein Glas oder einen Krug geschichtet und mit Öl übergossen. Der Käse muß dabei bedeckt sein. Anschließend wird das Gefäß verschlossen und kühl aufgestellt.
Der Käse kann nach einer Woche gegessen werden.
Das Öl läßt sich wiederverwenden.

Weichkäse nach Mozzarella-Art

In Italien wird der echte Mozzarella aus sehr fetter Büffelmilch hergestellt. Man kann aber auch einen hausgemachten Mozzarella aus Kuh-, Schafs- oder Ziegenmilch zubereiten.

Zu diesem Zweck stellen Sie aus 2 Litern Milch einen Frischkäse her, lassen ihn 24 Stunden bei Zimmertemperatur und weitere 24 Stunden in der Form im Kühlschrank gut abtropfen. Anschließend wird er aus der Form genommen, leicht mit Salz eingerieben und fest in Alufolie verpackt. Bei einer Temperatur von 20 bis 25 °C muß er so 1 Woche reifen. Er wird dann fest und im Anschnitt leicht gelblich.

Mozzarella eignet sich ausgezeichnet zum Belegen einer Pizza oder zum Füllen von Tomaten, Paprika und Zucchinis.

Pfefferkäse

1 selbstgemachter Frischkäse aus
2 l Milch
2 EL Weinbrand
grob gemahlene Pfefferkörner

Wickeln Sie Ihren selbstgemachten Frischkäse in ein kleines Leinentuch, das Sie mit 2 Eßlöffel Weinbrand befeuchtet haben, und lassen Sie ihn 24 Stunden an einem kühlen Ort zugedeckt stehen (je nach Geschmack auch länger). Vor dem Verzehr wird der Käse ausgewickelt und in 1 bis 2 Eßlöffeln grob gemahlenen Pfefferkörnern gewälzt.

Schafskäse nach griechischer Art „Feta"

Aus 2 Litern Schafsmilch wird ein Frischkäse hergestellt, dessen Käsebruch man in eine rechteckige Form schöpft. Diese wird 2 Tage zum Abtropfen aufgestellt. Danach sollte der Käse sehr fest und trocken sein.

Anschließend wird er in eine Salz-Kümmel-Lake gelegt; sie muß den Käse vollständig bedecken. Die Lake besteht pro Liter Wasser aus 1 Eßlöffel Salz und 1 Eßlöffel Kümmel, muß abgekocht und abgekühlt werden.

Nach etwa 3 Tagen ist der Käse zum Verzehr reif.

In Griechenland beträufelt man ihn mit etwas Olivenöl, bestreut ihn mit Thymian und Oregano und serviert ihn zusammen mit Zwiebelringen, Oliven und Tomatenscheiben.

Französischer Ziegenkäse

Stellen Sie einen Frischkäse aus Ziegenmilch oder halb Ziegen-, halb Schafsmilch her, und lassen Sie ihn 3 bis 5 Tage auf Tonziegeln oder Strohmatten in der Form gut abtropfen, damit er sehr trocken wird.

Anschließend wird der Käse aus der Form genommen, in Schnaps oder einen anderen hochprozentigen Alkohol getaucht und in Walnuß- oder Kastanienblätter gewickelt. Um diese bindet man kreuzweise einen Bastfaden. Dann muß der Käse an einem kühlen Ort 3 bis 8 Tage weiterreifen. Er ist sahnig und durch das Aroma der Blätter sehr geschmackvoll.

Kontrollieren Sie ihn ab und zu.

Liptauer

Der Liptauer ist eine pikant abgeschmeckte Käsemischung aus Quark oder ungereiftem Frischkäse aus Kuh- und Schafsmilch, der nicht in einer Form, sondern in einem Tuch abtropft.

250 g Quark oder ungereifter Frischkäse
100 g Butter
2 EL Sahne
2 TL Kräutersalz
frisch gemahlener Pfeffer
1 TL Senf (weglassen, wenn Schafskäse verwendet wird)
1 EL fein gehackte Kapern
2 fein gehackte Zwiebeln
oder Schnittlauch oder Lauchzwiebeln
1 bis 2 EL Paprikapulver

Den Quark mit der Butter und der Sahne schaumig rühren und mit Kräutersalz, Pfeffer, Senf, Kapern, einer Zwiebel und 1 Eßlöffel Paprika würzen.

Zu einem Rechteck formen und zum Festwerden in den Kühlschrank stellen.

Vor dem Servieren mit dem restlichen Paprika und der Zwiebel bestreuen.

Schwäbischer Schichtkäse

1 Frischkäse aus 2 l Milch
1 bis 2 EL Salz
1/2 l dicke saure Sahne

Stellen Sie einen Frischkäse her, Schöpfen Sie dabei ein Drittel des Käsebruchs in eine genügend große Form, bestreuen diese Schicht mit Salz und bestreichen sie mit 1/4 Liter dicker saurer Sahne.

Danach geben Sie das zweite Drittel des Käsebruchs darauf und verfahren weiter, wie bei der ersten Schicht.

Zum Schluß decken Sie das Ganze mit dem letzten Drittel des Käsebruchs ab. Danach stellen Sie die Form so auf, daß die Molke gut abfließen kann.

Sobald die Molke abgetropft und der Käse genügend fest ist (nach 24 bis 36 Stunden), können Sie ihn aus der Form nehmen und verzehren.

Weinblätterkäse

1 oder mehrere kleine Frischkäse aus Schafs-, Ziegen- oder Kuhmilch
1 TL Salz
4 bis 6 Weinblätter (frisch oder in Salzlake)
etwas Weißwein

Stellen Sie – wie oben beschrieben – einen oder mehrere kleine Frischkäse aus Schafs-, Ziegen- oder Kuhmilch her.

Anschließend die Käse gut abtropfen lassen, das Salz in wenig Wasser auflösen und die Käse damit bestreichen. Bei Zimmertemperatur über Nacht stehenlassen.

Parallel dazu die Weinblätter, die man in Salzlake in Dosen oder Folie verpackt kaufen kann, über Nacht in etwas Weißwein legen.

Am nächsten Morgen die Käse in die gut abgetropften Weinblätter hüllen, eventuell mit Bastfäden umwickeln und für 3 bis 4 Tage in einen Tontopf zum Reifen legen.

Schabzieger

Schabzieger werden die grünen Kräuterkegel aus Ziegerkäse aus der Schweiz genannt. Sie haben ihren Namen nach dem Kraut erhalten, mit dem sie gewürzt werden.

Schabziegerklee, auch Brotklee, Bisamklee oder Käseklee genannt, ist eine Steinkleeart mit einem unverwechselbaren Duft und Aroma, das hauptsächlich im Hochgebirge wächst. Es ist in pulverisierter Form auch im Reformhaus erhältlich.

Sie können Ihren Schabzieger aus kleinen Frischkäse aus Schafs-, Ziegen- oder Kuhmilch auf einfache Weise selber herstellen.

Lassen Sie dazu den Frischkäse, wenn Sie ihn aus der Form genommen haben, noch einmal 24 Stunden im Kühlschrank gut abtrocknen. Reiben Sie ihn anschließend leicht mit Salz ein, und wälzen Sie ihn im Schabziegerklee.

Bis zum Verzehr sollte der Käse mindestens 4 Stunden stehengelassen werden, damit das Aroma des Schabziegerklees einziehen und er seinen typischen Geschmack entfalten kann.

Rotweinkäse

4 kleine Frischkäse aus Schafs-, Ziegen- oder Kuhmilch
etwa 3/4 l junger Rotwein
1 Lorbeerblatt
4 Wacholderbeeren

Stellen Sie – wie oben beschrieben – mehrere kleine Frischkäse aus Schafs-, Ziegen- oder Kuhmilch her, und lassen Sie sie im Tontopf etwa 3 bis 4 Tage gut reifen.

Schichten Sie sie danach mit dem Lorbeerblatt und den Wacholderbeeren in einen Topf, übergießen Sie die Käse mit Rotwein, verschließen Sie den Topf gut und lassen ihn bei 10 bis 12 °C etwa 1 Woche lang stehen.

Danach haben die Käse eine rötliche Rinde erhalten und sind fertig zum Verzehr. Servieren Sie sie mit Zwiebelringen und gehackter Petersilie.

Weißschimmelkäse

Wenn Sie eine Art Camembert oder Brie herstellen wollen, müssen Sie den Frischkäse bei der Herstellung mit einer Weißschimmelkultur impfen. Diese geben Sie zusammen mit dem Lab zur Milch.

Die Weißschimmelkultur können Sie kaufen. 24 Stunden, bevor Sie sie zur Milch geben, muß diese mit etwas abgekochtem, kaltem Wasser verrührt werden.

Sie können aber auch von einem frischen Camembert die Schimmelrinde abschaben und zur Milch geben. Anschließend verfährt man wie gewohnt. Allerdings ist es nicht ganz einfach, einen hausgemachten Camembert herzustellen, denn oft versagt die selbst abgeschabte Schimmelkultur oder die Reifebedingungen für diesen Käse werden nicht eingehalten.

Der hausgemachte Camembert sollte 3 Tage bei 16 °C, 8 bis 12 Tage bei 12 bis 16 °C und 1 bis 2 Tage bei 8 °C reifen. Nach etwa 10 Tagen erscheint, wenn alles geklappt hat, der Schimmel.

Einen Käse nach Camembert-Art können Sie aus Kuh- und Ziegenmilch herstellen.

Obatzter

In Bayern wird ein angemachter, sehr reifer Camembert als „Obatzter" bezeichnet.

etwa 250 g Weißschimmelkäse
3 EL weiche Butter
eine feingehackte Zwiebel
nach Geschmack:
Curry und Zitronensaft
oder
Kapern und feingeschnittene Gewürz-
gurken
oder
Kümmel, Salz, Pfeffer und Parika

Den reifen Weißschimmelkäse mit einer Gabel zerdrücken und mit der Butter und der fein gehackten Zwiebel mischen.

Ganz nach Geschmack entweder mit Curry und Zitronensaft oder mit Kapern und fein geschnittenen Gewürzgurken oder mit Kümmel, Pfeffer, Salz und Paprika würzen.

Blauschimmelkäse

Bei der Zubereitung von Blauschimmelkäse verfährt man ähnlich wie bei der Weißschimmelkäseherstellung. Entweder kauft man eine Blauschimmelkultur oder löst ein kleines Stück gekauften Blauschimmelkäse in einer Tasse Milch auf und gibt sie zusammen mit dem Lab zur Milch.

Wenn Sie Schafsmilch verwenden, erhalten Sie eine Art Roquefort, wenn Sie Kuhmilch nehmen, eine Art Gorgonzola.

Blauschimmelkäse sollte bei sehr hoher Luftfeuchtigkeit (95 %) und einer Temperatur von 8 bis 10 °C etwa 4 Wochen lang reifen.

Käsecreme

200 g Quark
200 g Blauschimmelkäse
1/8 l Sahne
frisch gemahlener Pfeffer
2 bis 3 EL Sherry
gehackte Petersilie
gehackte Walnüsse

Den gut abgetropften Quark mit dem Blauschimmelkäse verrühren, die steifgeschlagene Sahne untermixen und die Käsecreme mit Pfeffer und Sherry abschmecken.

In einen hübschen Steinguttopf füllen und mit der Petersilie und den gehackten Walnüssen bestreuen.

Wichtige Bezugsquellen

Biokosma GmbH
Käthe-Kollwitz-Weg 6, 7750 Konstanz 12
stellt gefriergetrocknete Fermente für Kefir, Joghurt und Sauermilch sowie Labtabletten her. In vielen Reformhäusern erhältlich oder kann besorgt werden.

Apotheken
Hier kann man Ihnen Lab besorgen.

Keller Biogarten und Gesundheit
Inh. A. Kiefer
Konradstraße 17, 7800 Freiburg
Hier finden Sie ein reichhaltiges Angebot an Getreidemühlen.

Käsereibedarf
Bunte Kuh
Jay Brady
Walderdorfstraße 31, 6406 Hosenfeld
Hier erhalten Sie Käseformen und Käsepressen in allen Variationen, weiteres Zubehör für die Käseherstellung, Butterrührgeräte und Schimmelkulturen.

Häka Apparatebau
Wallonenstraße 27
7513 Stutensee
Hier erhalten Sie handbetriebene und elektrische Buttermaschinen und Zentrifugen.